흰점무늬파란바다물뱀

흰점무늬파란바다물뱀

흰점무늬파란바다물뱀

이윤길 시집

시인의 말

 항해하는 선박은 밸러스트가 필요하다. 선원들을 안전하게 지키려면 선장에게 중심이 있어야 한다. 지독한 강박이다. 죽음은 용서를 인정하지 않았다. 바다에서 중심을 잃는 건 용서가 안 되었다. 물고기를 쫓으며 이곳저곳 바다를 떠다녔다. 홀로 죽어가는 뱃사람들 모습을 보았다. 그 뱃사람들이 중심을 잃고 쓴 편지를 모았다. 바다를 벗어나도 파도는 부서졌다. 나는 뱃사람이다. 해양문학은 바다와 인간, 그 사이에서 형성되는 해양정신이 아닌가? 마치 선박의 평형수처럼 문학은 나의 평형수였고 나는 중심을 옹호한다. 뒤따라오는 파도가 더 큰 건 아닐까. 흰점무늬파란바다물뱀에게 물어본다.

이윤길

차례

009   시인의 말

1부

017   바다의 조각들

018   만선의 총량

019   이만 해리 밖 난파

020   어느 선장의 신탁

021   사우스조지아섬의 묘박

022   표류하는 사람들

023   폭풍주의보

024   마지막 노을

025   소금꽃 환하다

026   카리브해의 닻

027   난파

028   다시, 실러캔스

029   사랑을 잃다

030   마다가스카르

031   뱃사람의 이웃

032   로스해

033   심해

034   마르 파시피고

035   난파선 졸리 로저 호

036   황천

2부

039   충무동 지짐집

040   바다 안개

041   흰점무늬파란바다물뱀

042   삼등항해사의 기도

043   스탠리 항 민들레

044   파도

045   가자미에게 경배

046   신자본주의

047   연어의 귀천

048   면역의 문신

049   처리장 손일

050   알바코르, 읽다

051   정박등 앞 와와 과

052   수평선에서 놀다

053 미크로네시아, 이유 없이 슬픈

054 만선

055 남풍에게

056 한심한 술고래

057 갑판에는 만선 대신 붉은 해

058 싱싱한 포승

3부

061 전복희, 어머니 이름은

062 적도

063 세이셸에서

064 남극해

065 쿠릴, 피항하며

066 환생을 지키다

067 마지막 기항지

068 폭풍에 닿다

069 깃털에 대한 유감

070 퇴선

071 악마와 검푸른 바다 사이

072 타이푼, 2022

073 블루 홀 같은

074 수평선, 이름 없는 사내의 봉분

075 몬테비데오

076 조리장 박 씨

077 희망봉 롱 워프에서

078 열대성저기압

079 어느 해 1월 1일 항해일지에서

080 잭타르의 편지

해설_ 홍기돈(문학평론가)

081 붉은 수평선 위에 분기공을 쏘아올리는 고래의 깊은
      허밍

1부

바다의 조각들

암막 커튼 장미 화병 곁에는 DGPS와 몇 장의 해도 그리고
바다를 조명하는 LED 등이 어둠을 밝히고 있다. 쓰가루 해협
을 통과하고 사흘이 지나도 나침반 방향은 여전히 북쪽을
부둥켜안았다. 선회창 앞으로 알류산 열도가 스칠 듯 다가와서
천천히 멀어졌다. 묘박지는 여전히 나타나지 않았다. 파랑주
의보가 발령되자 종생에 근접한 통신장의 주름이 깊어졌다.
수다스럽던 수평선이 퍼렇게 멍이 들기 시작했고 선장은 애정
하던 돈나무 화분에 아침의 절반을 토했다. 그것 또한 바다를
선택한 자의 운명이다. 눈물마저 말라버린 밤, 갑판장은 구명
정에 시동을 걸면서 생각했다. 브리지로 예리한 각도의 빗방울
이 연거푸 날아들 때 파랗게 질린 실습 항해사는 울음소리도
내지 못한 채 뱃머리에 버려졌다

만선의 총량

두려움의 연속무늬를 모르는 척하기로 했다. 목숨을 걸고 해치는 파도가 황천의 뜻을 몰라서 마른 바다 어창을 더듬는 건 아니다. 희망이란 이름 아래 물고기를 쫓아가다 보면 좌초할 것을 알면서 해령 위에 서 있고 싶을 때가 있다. 삶은 반복되지 않는다는 것을 알면서도 멈추지 못하는 것이다. 때로는 난파할 것을 알면서 투망 지시를 내리고 싶을 때도 있다. 불안에 몰린 만선은 낭만의 적이나 유영할 곳을 잃은 참다랑어 꼬릿살은 밤참이다. 누구 하나 탐욕에 만족하는 사람이 없다

이만 해리 밖 난파

    13일 금요일 도미니카와 헤어진 달 없는 밤 포트 모르즈비 항을 끝으로 난파했다. 아마존강을 기어오르는 분홍돌고래의 마지막 흰 분기공처럼 조타륜 곁 아스파라거스 그늘에서 마셨던 테킬라 한 잔. 수평선은 블랙홀처럼 어두웠고 전율과 공포가 강제된 하늘에서 떨어지는 번개는 마치 쇠 스파이크처럼 늑골을 쑤셔대었다. 발이 묶인 채 저승으로 끌려가는 앨버트로스처럼 파도 소리마저 서걱거렸다. 눈물조차 무거워 울지 못했던 그때의 황천. 꿈도 꾸지 못했다. 살아 술잔을 기울일 거라고는

어느 선장의 신탁

나는 선택되었고 권력은 해신에게서 왔다. 뱃사람은 나에게 머리를 끄덕이거나 조아린다. 해류를 따라 떠다니며 아침이면 신천옹도 긴 깃을 펼쳐 경배의 문안을 올린다. 나는 고향을 떠나 태풍의 눈 밖을 기웃거리는 운명이다. 나는 날뛰는 어둠이나 고통으로부터, 흘수선으로 몰려드는 둔탁한 파도의 공포로부터, 축축한 선실에 등을 기댄 외로움으로부터 뱃사람을 지킨다. 나는 제비갈매기가 하염없이 허공에서 재잘거리듯 흔들리며 바다를 떠돈다. 나는 선장이다

사우스조지아섬의 묘박

우리는 삼각파 위의 서핀보드처럼 남극 해류에서 미끄러졌다. 마녀 같은 라멜라리안 달팽이들이 시공을 거스를 수 있다는 말은 꺼내지 않기로 했다. 내일이 어떻게 될지 모르는 잠을 위해서 빙어들은 차가움에 흰 몸을 뜯어 먹히면서도 침묵했다. 운명의 힘으로 바닷물이 갑판 위까지 높아졌다가 기도의 힘으로 용골까지 낮아졌다. 그때 우리는 보았다. 그 깊이를 알 수 없는 무저갱, 남극해 심해로 사라지던 자이언트페트롤의 비통한 흰 깃털을

표류하는 사람들

몰려오는 파도의 거친 발자국 소리를 들었다. 선원들은 어깨를 맞대고 따뜻함이 흥건하도록 연고를 발라주었다. 그러면서 늙어갔다. 낡고 삐걱거리는 용골 위에서 숫양의 모가지를 자르는 상념은 무적이었으나 불면이 갯바위 갯강구처럼 부스럭거렸다. 오, 희망이 모두 빠져나간 표류여, 파도가 선실로 밀려들어 복숭아뼈를 적시고 발뒤꿈치 힘줄을 끌어당긴다. 만선에 매달렸던 너의 용기, 나의 만용이, 우리들의 슬픔이 고통으로 가득한 선실 바닥을 뒹군다

폭풍주의보

　몸의 모든 뼈가 휘어졌다 펴지곤 했다. 고통으로 떨고 있는 뱃머리여, 두려운가. 폭풍은 아무런 예보도 없이, 백상아리 이빨이 은줄멸의 심장을 깨물어뗄 만큼 비정한가. 몬순이 다가온 줄 알면서도 수평선으로 향했던 뱃사람이 돌아오지 않는다. 식탁을 가득 채우고도 사방으로 어지럽게 흐트러진 술병이 우리들의 마음이던가. 폭풍주의보는 해신에게도 자신의 목을 노리고 날아오는 저격병의 차가운 총알처럼 지독한 고통이 되는 것이다

마지막 노을

　돌아오지 못할 것을 직감한 고래가 분기공을 쏘아 올렸습니다. 파도가 새처럼 높이 날아오르던 시절이었습니다. 뗏목을 저어가다 바라본 하늘이 아, 푸른 줄로 금줄을 쳐두었던 수평선까지 붉어졌습니다. 먼바다에서 고래의 허밍이 들려오고 반구대에서는 포경선이 출항했다는 풍문도 돌았습니다. 마침내 나는 뱃사람 운명을 기억해 내었습니다. 전생에 두고 온 것들을 떠올렸던 것입니다. 환생은 뜨겁고 벌겋고 또 달콤했습니다, 노을이 지나온 뱃길처럼 해독하지 못할 상형문자로 변천을 거듭하고 있었습니다

소금꽃 환하다

물고기 떼가 송도 아랫길에 하차한 어부의 신명에 도착하자 시베리아에서 발원한 바람도 힘을 잃고 흩어졌다. 지난 폭설에 구부러진 등뼈가 펴지도도 않았지만, 손에서 물이 말라버린 어부들은 출항을 미룰 수 없다. 세상사 모든 일은 때가 있다. 9-1번 버스 정류소 앞 꽃집 시크라멘트 꽃말은 행운이고 가시 양태가 죽음을 연습하듯 카톡으로 안부를 물어올 때 계류색이 끌러졌다. 새벽부터 죽어 바다가 된 어부들을 위로하던 만신이 큰소리로 망언을 터뜨렸다. 잔치는 지금부터였다

카리브해의 닻

　삶을 즐겨라, 위로하지 말라. 물의 감옥에 갇힌 거친 손과 시퍼런 발이 뭍을 떠난 비통에 사무치지만 바람이 불어오기만을 기다렸다. 발바닥을 구르며 선원들은 파도에 매달리고 갈매기는 폭풍에 매달리고 나는 조타륜에 매달리겠지. 무역풍에 실려서 바다 위를 동동거리며 떠다니는 갈매기 똥덩어리처럼 레게 리듬에 맞추어 춤을 추겠다. 수평선에 버려진 파도를 포옹하겠다. 바다의 뼈들이 짓이겨져 부러진들 폭행이 될까. 카리브해에 닻을 던지는 그날이 오면

난파

붉은 섬광 아래에서 흔들렸다. 고막을 찢어대는 천둥소리가 목줄을 놓친 개의 이빨처럼 달려들었다. 9월 한낮인데도 번개의 칼날은 야만처럼 빛나서 구멍의 비명을 이리저리 몸에 새겨 놓는다. 태풍은 스스로 죽음 곁을 배회하는 물의 손자이자 악마가 흔드는 공포의 회초리. 두려움에 사로잡힌 푸른발부비의 시퍼런 손이 깍지 껴 배를 봉인했다. 그러나 침몰은 날카로운 뱃길이 곡선으로 구부러지거나 뒤틀리며 꾸는 꿈, 먼저 수장된 선원들이 다가와 손나팔을 만들며 경고했다. 도망쳐,

다시, 실러캔스

항해용삼각자 · 모자반 · 삿갓조개는 사라졌다. 까치복 ·
독중개 · 황성대 · 뚝지 · 쓸종개 · 줄벤자리 · 벵에돔 쓸개로
허기를 채웠다. 홀로 먹는 짬짤한 밥, 홀로 앓는 감기, 홀로
에로 비디오를 보았다. 술 시종이 필요한 포세이돈의 발길질에
나는 해원에서 난파했고 앉아 있던 자리에서는 봄날 죽순이
솟아나듯 파도가 일어났다. 귀향하라는 지상의 당부가 있었으
나 바다의 덫에 걸렸다. 뱃머리가 으깨어지고 노토사우루스가
격렬하게 마중하던 해령에서

사랑을 잃다

  부산역 광장을 활보하는 광녀도 미치지 않고서는 사랑을
빼앗길 수 없다. 머리에 꽂은 꽃처럼 허연 파도가 도끼날처럼
뱃전을 쾅 내려찍는 순간, 부서진 부식창고에서 돼지감자들이
쏟아져 내렸고 나이를 속이기에는 너무 늙어버린 밤과 육신이
심연을 향해서 가라앉았다. 해신은 마리애나 해령을 식탁 삼아
조니워카 블루나 마실 일이지 이건 질투다. 부산역 광녀의
머리에서 꽃들은 철 따라 피었다 졌다. 모든 것이 사라진 바다
에 펠리컨은 도착 전이다

마다가스카르

페레디 가문은 황금을 찾아왔다. 비발디 가문은 향신료를 찾아왔고 세비야 가문은 노예를 찾아서 왔다. 그리움에 지친 모든 것은 검은 유두의 여인과 검은 이마의 남자가 기억하는 탐욕이며 멸종하는 롱핀의 서식지였다. 흰 물거품도 없이 발작하는 삼각파처럼 이사벨라 호 나무물통의 식수가 썩어갔다. 절망과 슬픔에 취했던 선원들의 어금니가 바오밥나무 뿌리가 되는 동안에도 시간은 쉬지 않고 흘러갔다. 그러다가 저녁이 벌겋게 익어가는 풍경으로 뱃머리를 가지런히 대한민국 다랑어 연승선들이 정박했다

뱃사람의 이웃

  병치매가리 · 노랑각시서대 · 연어병치, 장작으로 쓴 펭귄 대가리, 주방 개수대 곁에서 바스락거리는 새앙쥐, 기회만 생기면 불을 지르는 선원, 럼주로 꿈을 대신하는 궁핍한 해적, 몸 섞었던 마도로스에게 던지는 연민 또는 몇 개의 증오가 수장된 북양, 어머니가 걸어놓은 석등 곁 연등과 풍경 좋은 카페의 마끼아또 한 잔, 기쁨과 슬픔, 출항이나 귀항의 나침반이라든지, 폭풍 그 밖에도 수많은,

로스해

세상의 기운이 모두 흩어질 때쯤 보았다. 파도에 깎이고 바람에 부대껴 비췻빛 보석이 되어버린 것을, 빙산이 녹아가며 백만 년 전 공기 방울을 쉼 없이 뿜고 있는 것을, 동면했던 항해사의 침묵이 백야를 허옇게 덮고 있는 것을 보았다. 풍향기가 블리자드에 찢긴 채 파르르 떨고 있는 것을, 눈으로 믿은 모든 것이 차례로 얼어가는 것을, 선장님도 쓸쓸해서 손을 비비며 우는 것을 보았다

심해

몰려드는 파도로 자욱해져 후추가 뿌려진 식탁 위의 참치 스테이크조차 보이지 않았다. 선실은 대서양 건너던 아프리카 노예의 마음처럼 물보라와 수평선 사이에서 예측할 수 없는 공포로 가득했다. 해신이여! 어느 어머니의 기도가 그렇게도 거룩했을까. 위험부자유선 등화로 밤을 밝힌 폭풍에도 그다음 폭풍에도 바다 위를 떠다녔다. 쿵쾅거리는 뱃머리 공명만이 뜨겁게 선원들의 가슴을 후벼팠던 것이다

마르 파시피고

 적도를 지났으나 뜨거웠던 흔적은 남았다. 몸을 식히려 폭풍에 젖고 또 젖었다. 저녁 식탁 대구탕의 뜨거운 국물도 잊고 디저트로 불안의 갈증을 씹었다. 오래된 습관이 트림으로 비린내를 내뿜었다. 미라로 뒹굴던 바퀴벌레도 견디지 못하여 비명을 질렀다. 그러나 사과나무과수원 지하로는 아, 나무여 뿌리여! 아득한 준령 너머 꽃이 필 때다. 라일락꽃이었는지 코코넛트리 잎사귀인지 하얀 그림자가 등댓불처럼 어른거렸다. 앞만 보고 달려왔던 마르 파시피고, 마침내 바다 끝에 닻을 내렸다

난파선 졸리 로저 호

    다섯 포대 감자와 열두 판 달걀이 썩어가는 동안 천둥 번개는 짧고 희게 번쩍거렸다. 안부를 물으려 스스로 입을 찢던 애인의 편지가 폭풍을 품은 돛처럼 휘날렸다. 나침반이 심연을 향해 유영해 가는 졸리 로저 호. 통가왕국과 쿡 해협 사이에서 흑수염 티치도 외면한 졸리 로저 호. 이반 톰 아귀스 선장은 열수분출공 검은 연기를 보았다. 가라앉은 선체 파편에서는 시체 썩는 냄새 대신 유황연기가 피어올랐지만 선반 위 우장용 가죽 모자에는 산호뿔산호가 무성했다. 무관심으로 뱃머리를 보호한 수백 척의 배와 수천 개의 태양이 그 위를 지나다녔다

황천

    구름이 움직일 때마다 돌풍이 일어나며 나침반은 방향을 잃었다. 어린 날치는 가슴 지느러미도 펴지 못한 채 두려움으로 둥글게 스크럼을 만들었다. 갑판마다 파도에 긁히는, 파도의 파문이 선명했지만 수평선 노을은 붉었다. 뱃길은 쓰러지는 뱃사람의 오열로 가득했고 침로를 유지하라는 늙은 선장의 쓰디쓴 파열음과 흔들리는 그 목구멍 사이에서 번개의 흰 이빨이 자주 번쩍거렸다

2부

충무동 지짐집

아가씨 구함 광고는 보이지 않는다. 돌고래다방·향촌다방·완월동 정이를 기억하는가. 뒤끝 없이 히히대며 퍼주기만 하던 것들, 바다를 떠도는 동안 삐걱거렸던 관절과 함께 땅속에 누웠다. 그러나 세월이 지나도 바뀌지 않는 것들, 명태찜·고갈비·뼈 없는 닭발·닭똥집·홍합탕과 굴전·파전·부추전·김치전·녹두전·감자전·배추전 지짐집 간판이 남았다. 큰비가 내리는 날이면 소주 한 잔에 비틀거리는 귀신들이 배회한다. 목숨 버리고 남은 거리에는

바다 안개

치엔 반 기침이 발기하며 핏물을 쏟아냈죠. 심장을 박박 긁어서야 맥박을 뛰게 했죠. 1592년 여름엔 존 머로 지휘 아래 영국 전함이 아조레스제도 근처에서 포르투갈 카라크선 마드레 데 데우스 호를 나포했던 날도 안개가 배를 덮쳤죠. 5백 년이 지나 또 다른 안개가 배를 덮치는 날, 치엔 반 가슴으로 스며든 안개는 음습했죠. 자존심을 지키던 이상을 덮어버렸던 거죠. 사흘 밤과 낮을 수색으로 보냈죠. 지금은 눈물을 닦아야 할 시간, 치엔 반의 박사학위는 눈물을 닦아내는 물티슈였죠. 일하고 일하다 시간마저 잊어버린 엄청난 슬픔인 거죠.

흰점무늬파란바다물뱀

말향고래조차 떠나버린 페루에서 카나리아제도로 회유하는 가마우지는 구아노도 남기지 않았다. 혁명이 안 되는 삼등항해사는 갈라진 발꿈치를 바닷물로 메워가며 목덜미만 검게 태웠다. 문득문득 사랑하는 사람과 자장면을 먹고 싶다는 열망과 절망의 무거움이 선실을 메웠다. 그러다 파도가 만든 움푹한 광대뼈에서 부글부글 정욕이 끓어오를 때면 세상은 평강하시냐 붙이지도 못하는 편지를 썼다. 나는 심연의 바닥으로 가라앉는 뱃사람이었다. 대서양 흰점무늬파란바다물뱀이 되고 싶었던 것이다

삼등 항해사의 기도

출항은 언제나 두려움 앞에 서는 일이었습니다. 오호츠크해 저기압에 시달리며 사랑을 지워갔던 일이 만선이라고 하여도 황천의 거대한 하늘을 가로질러야 하는 일이었습니다. 뱃머리를 강타하며 뱃머리에서만 부서지는 파도 뜻을 헤아리긴 어려웠습니다. 부서지고 흩어져서 내 안의 모든 것이 텅텅 비어버릴 때쯤 벚꽃이 호젓이 피었다가 휘날리더니 멀리 등대의 섬광도 번쩍입니다. 어느 순간 봄이 다가왔던 것이었습니다. 오오, 갑판에 무릎 꿇고 경배하는 이 뱃길이 사랑에게로 향했으면 좋겠습니다

스탠리 항 민들레

묘박하고 낡은 목재 잔교를 벗어났다. 얼굴을 스쳐가는 미풍에는 로즈 바의 짙은 암내가 묻어 있었다. 나는 피할 수 없는 유혹에 칠천 해리 밖 애인부터 토해냈다. 스탠리 언덕은 안다. 대항해시대의 묘비 곁 민들레 뿌리가 뻗는 곳이 어디인지. 파도를 넘고 넘어가며 그래서 난파의 도화선이 운명을 담금질하지 않았다면, 탁 트여 감출 곳도 없는 언덕에 민들레로 피지 않았으리라. 이제는 독해져야겠다. 퍽퍽했던 인생살이에서 부자가 되어서 돌아오겠다는 경망한 맹세는 잭타르 여기에 눕다 묘비명으로만 남았다. 스탠리 힐을 노랗게 물들이며 어디론가 뿌리가 뻗는다는 건 외롭다는 의미일 것이다. 하여간 입항했다. 스탠리 항으로

파도

　적도 바다의 풍경이 잃어버린 나의 상형문자 같다. 나는 나침반에서 눈을 돌렸다. 세상을 벗어난 고립이 저토록 처절한 노을을 남다니, 수평선 너머로 가던 길에서 뱃머리를 흔들던 폭풍의 흔적도 그리움이 되어 남았다. 고난의 파도 밭을 지나가며 하나씩 가슴에 채워지던 말, 사랑한다는 문장… 지금 그 은혜의 시간은 어디쯤에서부터 지워지고 있는 걸까. 이제야 아름다웠던 순정의 의미를 알겠다. 저 선명한 돋을새김처럼 내 마음 뒤편의 깊은 곳에서 바다를 좋아한 사람을 나도 좋아할 때가 있었다

가자미에게 경배

　　좌대가자미 · 까치가자미 · 거칠가자미 · 도둑홍가자미, 바다로부터 불하받은 영토의 종족처럼 가자미가 우글거린다. 허연 거품을 물고 뉴펀드랜드의 폭풍이 몰려오는 동안 등이 굽어가는 어로노동이 바다에서 건져낸 마소가자미 · 용가자미 · 물가자미 · 문치가자미 · 참가자미 · 기름가자미 · 주둥가자미 · 매듭가자미 · 화살치가자미가 코드엔드에서 펄떡거린다

신자본주의

황천 속의 선원들이 돌아가자. 간절히 원했지만, 아직까지 적자다. 선주는 뱃길을 막았다. 단 한 순간에 신자본주의는 폭풍 속 뱃머리 앞에서도 날치의 배비늘처럼 번쩍거렸다. 이젠 네가 가장이다. 유언을 남긴 아버지를 묻을 때만 해도 뜨거웠던 심장이다. 그러나 속수무책 비루해진 삶은 물고기 배를 가르고 소금을 치던 선원들을 시퍼런 물덩이로 내리쳤다. 아무 저항도 없이 어둡거나 습하거나 혹은 쓰거나 시거나 화폐의 무게를 감당하지 못한 것은 모두 침몰했다. 나도 굴복했다

연어의 귀천

집착이여. 회유여. 계곡 끝 소나무와 배꼽을 맞대어도 그건
불륜이 아닌 본능이다. 폭포를 날아오르다 살과 뼈가 분리되는
고통만큼 빠져나간 턱의 귀로여. 윤회 속 깊이 배어들어 밤은
고요하다. 강물과 여울을 거스르며 남겨둔 작별과 경배하라.
상처와 상처로 두리번거리는 몸이 돌아서지 않을 곳에서 산란
의 흔이여! 찬양하라. 새로운 생명이 잉태되는 곳에서 꼬리를
털며 죽음의 천사가 먹이는 독, 독, 독

면역의 문신

모리셔스 금발의 비키니를 이야기하면서도 흥분하지 않았다. 파도는 높았으나 스웰 주기가 일정했으므로 샤치 이빨을 벗어날 수 있었다. 파도가 전혀 일지 않는 코코 킬링 섬 가까이에 가서는 곤한 잠을 잘 수 있었고 바람의 방향은 동남풍이었다. 그 흔한 노무라깃해파리도 보이지 않았다. 긴긴밤이 이어졌다. 인도양에서는 선장이 마치 해적과 거래의 흥정을 주고받듯 희망과 절망이 수평선을 스쳤다가 사라지곤 했다. 어쩌다 찾아오는 바닷새도 보이지 않았다. 선원들의 아집과 만용이 툭툭 터지고, 온 바다가 고요했다

처리장 손일

자이언트페트럴이 갑판을 기웃대면 겁에 질린 살오징어는 수심 밑으로 가라앉았다. 제풀에 잠에서 깨어난 수염대구와 이빨장어가 잘 키운 홍어를 거느리고 다가왔다. 사라지는 것이 살오징어뿐이냐 쓸쓸한 것이 손일뿐이냐는 젊음과 검버섯 관계를 엮은 것은 삼백 광년이나 멀리 떨어진 만선이다. 홧김에 부숴버린 슬렛머신이 말라버린 피쉬본드에서 탱고 스텝을 밟았고 적금통장 계좌 하나가 사라졌다. 홍어와 묵은지김치찌개와 술과 여자와 모든 것이 들어있는 밤, 숙취에서 깨어난 손일은 그동안의 옹색을 대서양 바닷물로 희석했다

알바코르, 읽다

지느러미를 자른다. 날개옷을 잃고 자유를 차압 당한 선녀의 일처럼 바다를 회수하는 것이다. 마이너스 60도 어창 바닥에 누워서 부질없이 잠을 설치는 날도 많아질 것이다. 장미화병에 낀 녹색 물때처럼 한 낙원이 사라지고 죽음의 관문을 통과한 세계가 생성되는, 후회만이 득실거리는 일이다. 미끼를 문 자책이 돌이킬 수 없는 젊은 날의 과거처럼 느껴지는데 검고 큰 눈이 언젠가 함께 굴렸던 윤회의 바퀴 같다. 알바코르, 알바코르, 비통하게 외치던 초롱팽마, 눈사태 때 뒤엉켜 멀어지던 그 이름 같이

정박등 앞 와와 과

자주 감자꽃 벙근다는 애인의 전언과 감사기도를 봉헌하는
좌판 앞 등댓불과 방파제를 넘은 파도 몇 개와 몇 차례 샛바람
이 뒤집고 간 겨울 바다와, 만선을 위해 최선을 다한 묶여
있는 배와 폭풍주의보를 견뎌낸 방파제와 말끝마다 쓸쓸해
홀로 마시는 술자리와 뜨거워졌다가 차가워지기를 반복하는
마음과 밑바닥이 모두 드러나 보이는 술잔과 꺾어진 풍향
깃발과 그리고 말로는 다할 수 없는 수많은 눈물과 결별한
사랑과 사람들과

수평선에서 놀다

그러다가 바다로 뛰어버리거나 표류하는 자와 난파한 자 사이에서 구명환을 잃고 당황도 합니다. 무역풍이 어슬렁거리지 않는 적도에서 고독은 더욱 단단해졌습니다. 수장당한 선원들이 웃고 있는 웃음소리를 들은 날은 유난히 밤이 무섭고 그렇지만 마스트 끝에서 은둔자의 섬을 떠나온 갈매기 깃털이 목격되었습니다, 그것들은 돛대를 부풀리는 따사로운 산들바람이 되어서 두려움에 떨고 있는 가슴을 부드럽게 품어줍니다. 좀처럼 잠마저 찾아오지 않는 날은 파도에서 용골이 미끄러지는 소리가 들려오는 뒤숭숭한 새벽부터 황혼까지 참 소중한 사람입니다. 그대는

미크로네시아, 이유 없이 슬픈

3마일로 비껴간 스파이스섬 때문에 럼주 한 통을 절반이나 들이키고 경비를 돌던 자색뿔돔의 뿔을 잘랐다. 붉은꼬리열대조가 멜랑꼬리한 새소리로 발까지 종종거리며 말렸다. 신명에 달아오른 입술이 에세에 불을 붙이다가 타오르지 않는 지포라이터에 분노해 담뱃갑에 휘발유를 퍼부었다. 선수에서 느슨한 무전을 타고 얍 섬에서 빵나무 빵이 익었다는 요청 1과 코코넛 크랩을 삶고 있다는 요청 2가 당도했다. 나는 듀공과 어깨동무를 한 채 바다거북이 알을 낳는 츄크라군 해변 묘박지를 향해 빠르게 변침했다. 모든 것이 허무했다

만선

아틀란티스로부터 오징어가 돌아왔다. 선장의 머리칼 같은 흰 파도가 여러 차례 뱃머리를 강타한 직후였다. 자동조상기에서 들려오던 빈 동태의 메아리가 툭툭 끊어졌다. 허공으로 쏘아대는 격렬한 오징어 먹물 궤적이 사바나의 건기를 적시는 몬순의 빗줄기 같았다. 파도가 부서진 자리에서도 무심했던 선원들이 거칠게 벌렁거렸고 퉁퉁 불은 라면을 야식으로 준비하고 있는 조리장은 얼른 닭튀김으로 메뉴를 바꿨다. 인생을 마음대로 했으면 카리브해 해적질이나 할 갑판장이 온몸의 기운을 끌어당겨 외쳤다. 다대기다!

남풍에게

다가올 홍어의 궁핍을 알고 있는 파도는 고요했다. 고통이 없다고 흉터가 없는 것은 아니다. 만선은 탐욕과 욕망이 핥고 할퀴는 관계이다. 희망은 절망을 이긴다는 말을 관습처럼 추앙하지만, 물고기들은 심해로 돌아갔다. 홍어는 주머니에 가득했고 비린내도 묻지 않는 세탁기를 돌리거나 기울지도 않는 밤으로 자꾸 미끄러졌다. 쫓거나 쫓기는 수많은 근심과 걱정이 늦가을 브리지 앞을 지나갔고 또 지나가는 날렵한 어둠들 그뿐이었다

한심한 술고래

　무릎을 끌어안고 여기가 어디냐고 가슴 찢어가며 떠들어도 바다는 대답이 없었다. 허기지고 궁핍한 생이 낡고 헐거운 몸을 이끌고 수평선을 서성거렸다. 무지개는 언제나 뱃머리 너머에서 나타났다 사라졌다. 어떤 때는 고래의 분기공 같은 커다란 용오름으로, 어떤 때는 번개의 섬광을 밝히는 폭풍의 광기로, 어떤 때는 겹겹이 쳐진 등압선의 꿈틀대는 공포로 주눅이 들기도 했었다. 가진 것이라고는 그것밖에 없었지만 오로지 자존심의 망령으로 바다 귀퉁이 선술집에서 빨간 물방울무늬 원피스만 보면 콧김을 훅훅 불어내며 미쳐 날뛰는 혹등고래도 대왕고래도 아닌

갑판에는 만선 대신 붉은 해

지난밤 어떤 여인이 꿈에 다녀가셨는데 자신이 북극성이라 하더라. 그러니까 북양 하늘에 있는 별이라는데 그녀가 로렐라이 언덕의 세이렌 같기도 하고 심연의 천사 클리오네 같기도 하였다. 놀다 보니 다가올 불행처럼 갑판은 어두워지고 어둑해져 갔는데 어느 일상의 즐거움 사이로 홍어의 지느러미가 지나가는 것이 보였다. 깜짝 놀라 꿈에서 빠져나올 때 갑판에는 붉은 해가 중천에 있었는데 지금까지도 꿈인지 현실인지 갈피를 잡을 수 없다. 오오, 소용돌이치던 심연이 시퍼런 꿈이라면 빨리 깨어 일어날지어다

싱싱한 포승

폭풍은 쉽사리 물러나지 않았다. 첫 번째 파도가 지나갔을 뿐 만선에 빌붙어 도륙한 생명밖에 죄지은 것이 없다. 조타수에게 정침 코스를 지시하며 끝이라는 방향은 알려줄 수 없었다. 스카치위스키를 병째로 들이부어도 취하지 않는다. 은하계의 성좌들이 드나들던 선회장으로 에밀레 종소리가 들려온다. 다리가 후들거린다. 바닷새도 날아들지 않는 곳, 무심한 물덩이 밑에서 시퍼런 파충류가 내 몸을 뜯어먹는다

3부

전복희, 어머니 이름은

파도가 멈추는 곳마다 어머니가 있었습니다. 앨리펀트 설산을 넘어갈 때, 누군가 곁에 있었다는 세클턴처럼 언제나 느껴졌습니다. 비바람이 불고 꽃이 피었다 떨어지고 몇 해 전 오늘 어머니는 일흔아홉에 세상을 버렸습니다. 웅웅거리며 악을 쓰는 용오름 타고 쏟아지는 스콜처럼 친절하지 않았던 세상살이와 다시는 마주치지 않을 것입니다. 이제는 주문진 가는 길옆 딸기밭 풍정이 내 마음을 덮어 현생이 바뀐다 하여도 인사를 올리지 못합니다. 돌아온 항구에서 계류삭 던져 묶으며 사랑한다고 말하고 싶은데 끝내 붙이지 못한 편지 같은 나의 슬픔이 울음이 되어 사라집니다. 전복희, 어머니의 이름마저

적도

이곳에는 가라앉은 묘비명이 가득하다. 엘니뇨를 뚫지 못한 혹등고래도 있을 것이고 백악기에 멸종했다는 메갈로돈의 어금니도 뒹굴고 있을 것이다. 등댓불과의 거리는 아득하고 스콜의 빗줄기와 폭풍이 격정을 못이겨 파티를 벌이는 계곡에는 몇 개의 무풍대가 가라앉았는지 떠올리고 싶지 않다. 찰나는 모두 나의 내부에서 나왔으므로 절망하지 않는다. 그러나 적도다. 죽음 대신 남겨진 붉은 발자국을 겹쳐 밟는다. 비극은 침묵을 말하자는 것이 아니다. 강철용골은 타협이 없다. 무조건 북상한다

세이셸에서

붉은발부비와 마스크부비가 마스트 위를 맴돌았다. 블랙마린과 대모거북도 흘수선 곁을 배회했고 눈다랑어 롱핀은 빠야오 주변을 서성거렸다. 남십자성이 수평선에 발을 걸쳤을 때쯤 야자 게와 몬순이 로드마크 곁을 지나갔고 가다랑어 점핑 엣지에 수많은 은빛 비늘이 박수 대신 굴기했다. 뱃머리는 적도의 붉은 연속무늬로 시퍼렇게 갈랐다. 만 해리 떨어진 아르헨티나 부에노스아이레스에서 범고래 아이리스가 세이셸 행 정기여객선에 올랐다고 메일을 보내왔다

남극해

브리자드에서 니그로 메루루사 이빨이 번쩍거렸다. 부딪히
는 유빙 조각이 어느 순간 죽음의 발자국이 되어도 이상하지
않는 세상. 강추위와 죽을 걸 아는 모든 것의 적개심으로 순정
한 사랑마저 얼음으로 변하는 그곳, 천 년 전에도 지옥, 천
년 후에도 지옥. 경계에 나선 방한복 안의 체크무늬 파자마까지
부서져 내리는, 마침내 난파로 배를 잃은 선장의 흐느끼는
운명마저 얼음이 되는

쿠릴, 피항하며

　해신이 휘두른 도끼날로 이마에는 여러 개 깊은 주름이 생겼다. 그것은 고통의 파노라마, 가슴에서부터 목까지 바닷물의 끈적거림으로 뒹굴던 김 씨도 중심을 잃었다. 더 살아야겠다는 갈증으로 목구멍이 타오르며 누워 잠들 수 없었던 박 씨는 구명정을 타겠다고 외쳤고 실제로 구명정을 타고 용골에서 뛰어내렸다. 쿠릴은 어디인가? 배 밑이 지옥이다. 파도를 따라 허리가 꺾어지던 나는 선원들을 향해서 섧게 울지도 못했다

환생을 지키다

예수의 죽음을 확인하던 로마군의 창검처럼 가라앉는 마음이 아팠다. 태풍, 열심히 살았으나 그 느낌을 기억하겠다. 누구도 모르게 선원들의 비명을 지웠던 피칭 궤적도 복기하겠다. 봄이, 여름이, 가을과 겨울이 계절과 함께 여러 번 난파선 주변을 지나가면 나는 환생하겠다. 만타가오리로 태어나 그날의 오늘처럼 적도를 가로지르겠다. 유들해진 날개 지느러미로 돌격하는 아프리카코끼리 귀처럼 런던탑 시계추처럼 수평선을 휘젓다 기항지 금발의 가슴이 얼마나 달콤한지 온몸도 한번 던져보겠다

마지막 기항지

　높아진 피칭 주기에 달라붙은 몸이 붕붕 뜨기 시작했습니다, 폭풍에 시달려 가슴을 앓고 있던 몸이 가벼워졌던 것입니다. 새의 날개처럼 비행할 깃털이 생긴 것을 알았습니다. 별들이 쉬어가는 은하의 어디쯤에서 그리움 없는 파도와 인상 더러운 바람을 만나기도 했습니다. 그럴 때마다 입술을 깨물었다가 수평선에 핏물을 뱉어냈습니다. 슬픔은 노을 속으로 천천히 스며들었습니다. 하늘에는 흰 구름 하나가 떠 있었습니다. 하늬바람이 불어오면 좋겠다고 생각했습니다. 삶이란 어차피 착각이 아니겠습니까. 꿈에서 깨어도 날개의 깃털이 자꾸만 지상을 향하여 펄럭거렸습니다

폭풍에 닿다

매듭 끌러진 주머니를 받았소. 용왕이 선물한 폭풍이었소. 시퍼렇고 거친 것이었소. 수면의 겁먹은 그림자들이 삼각파를 부여잡고 바둥대는 것, EPRIB가 수면에서 SOS를 발신하는 동안 생사가 열렸다 닫히길 수차례였소. 우리는 멸망하는 제국 병사의 창백한 안색처럼 당황했소. 돛은 찢어진 채 펄럭거렸고 허공의 별빛도 구름 사이로 흐릿해 불안했소. 지나가면 먼 훗날의 추억이 되겠지만 항해의 불운이오. 아득한 해안 기슭의 일몰 표정이 심상치 아니하오. 읍스… 폭풍이 시작되었소

깃털에 대한 유감

　바다 위를 이곳저곳 방황했을 뿐이지. 깃털은 허공을 장악했고 나는 배를 탔어. 그때 나는 날개가 없었지. 강철 심장뿐이었어. 슬프게도 내려 쌓인 달빛이 무겁다는 건 불행한 급소지. 깃털은 가벼움이야. 깃털은 고요를 흩트리며 적막도 깨뜨리지, 내 항해에서 내 머리를 혼돈으로 내려쳤어. 쭈그리고 앉은 머리를 거듭거듭 내려치는 거야. 깃털이 쇠망치처럼… 그건 끝없는 바다의 하이킥이었지. 한 방에 부어오른 뱃머리가 얼마나 높이 솟던지. 내 눈물을 봐, 거봐, 나도 가벼워지고 있잖아

퇴선

탈출이다. 선장이 외쳤다. 그 순간 나는 아버지의 난파와 대항해 시절 항해사들의 조난을 떠올렸다. 기울어져 가는 배의 중심에 닿기 위하여 바닷물이 한꺼번에 밀려들었고 지옥을 향해 달려가는 뱃머리에는 물비린내가 코를 찌르며 소금꽃이 만발했다. 서리맞은 메밀꽃같이 폭풍은 선원들을 쥐어짜고 비틀었다. 그곳이 바람 속에 짙게 밴 죽음의 냄새라는 것을 알았을 때 아, 잔인한 운명이여, 2항사가 힘을 다해서 균형을 잃고 흔들리는 조타륜을 잡았지만, 한밤의 뱀파이어 그림자처럼 바다는 파도로 뒤덮였다

악마와 검푸른 바다 사이

바다는 야만스러운 섬광 아래 검은 하늘이 뒤틀리듯 시끄럽고 괴이한 비명을 질렀다. 평화스러운 항해에 뛰어든 폭풍은 도망치는 뱃전을 후려쳤고 물보라에 쌓인 뱃머리는 불행에 굴종하거나 악연에 순종했다. 천둥이 단두대 칼날의 안쪽처럼 대서양 전역에서 빛났고 폭풍은 싸우는 도사견처럼 흰 거품에 싸인 시퍼런 이빨을 번득였다. 바다는 녹슨 난파선 늑골의 비명을 통째 삼켜버린 메갈로돈일까. 선원들은 다 같이, 광기로 가득한 악마의 공격을 방어했다

타이푼, 2022

날카롭고 붉은 벼락이 백상아리 이빨처럼 바우와 푸프데크
에서 어울리고 있었다. 파도에 부대끼고 웅어리지다 어느 가을
언덕의 분홍색 술패랭이 꽃대처럼 떨었다. 떨었다는 건 여전히
떨고 있다는 것, 깊숙이 손을 쑤셔 넣은 주머니에서는 쓰다
남은 동전 몇 개가 만져졌다. 기압계 지침은 영 해발로 떨어졌
고 나침반은 심연으로 기울었다. 소금알 서걱이는 생의 모서리
에는 수장당한 안토니아 그림자가 나타났다가 사라지길 반복
했다. 떠다니는 물짐승만 공격한다는 비수의 날을 본 적 있는
가. 두려움이 빌지킬에 죽음의 봉인처럼 쌓였다

블루 홀 같은

배가 끝없이 출렁거렸다. 부유하던 해마도 적도 해류를 타고 사라졌다. 몇 개의 용오름이 허공으로 치솟고 어디선가 적난운이 굵은 빗방울을 몰고 나타났다. 심연의 산호모래에선 꼬리 독침 노랑가오리가 얼굴을 내밀었다가 깊게 침잠했다. 혀끝에 올려놓은 스카치위스키가 기운을 잃어버리면 좌표 없이 떠돌던 뱃머리는 명부전을 향해 치닫다가 끝없이 심연으로 떨어졌다. 다가오는 모든 폭풍을 허우적거리며 꿇어앉아 받던 날, 코르샤코프 항을 벗어나며 갑판의 눈을 쓸고 또 쓸었던 것처럼 무너지고 다시 또 무너지는 파도, 파도, 파도들

수평선, 이름 없는 사내의 봉분

　수평선 경계에서 삶의 부력으로 버텼지만, 힘이 되지 못했다. 침몰했다. 사내는 발효 잘된 찐빵처럼 부풀었다. 누군가 건져 놓은 사체에서 이마의 시퍼런 멍을 보며 울었다. 만선의 밀실에 닿기 위해서 파도를 헤쳐가다 얻은 상처들. 용왕 영역으로 들어간 수렵은 어디서부터 인간의 발자국인가, 묻던 표정을 잊을 수가 없다. 이곳저곳 바다를 옮겨 다니며 햇빛에 달구어졌던 사내의 얼굴, 수평선은 떠돌던 사람들의 둥근 묘비이다

몬테비데오

항구를 벗어난 범선이 있었다. 쓸쓸함을 럼주의 취기로 달래가던 대서양에서 허리케인과 만났다. 핼리어드가 끊어지고 돛이 찢어졌다. 돛대도 한순간에 꺾어졌다. 조타륜마저 조각이 났고 선장과 불행했던 선원은 파도에 휩싸여 심연으로 가라앉았다. 아비규환의 틈으로 폭풍이 지나가고 파도 속에서 살아남은 선원은 해신의 은총에 감사했다. 그러나 유령선처럼 동력을 잃고 표류했고 마실 물까지 동이 났다. 서로의 오줌을 돌려가며 마시며 악착스럽게 버티던 선원들이 굶주림으로 쓰러져갔다. 이제는 살아남기 위해서 서로를 뜯어먹어야 할 때가 되었다. 그때 망루에서 육지를 찾던 당직자가 외쳤다. 산이 보인다

조리장 박 씨

바다에서 삶을 찾던 사람이다. 그러나 좌초한 뭍에서는 취기에 똥구녕까지 내주는 사람이 되었다. 아프리카 노예를 두고 껄껄거리는 홀랜드 상인으로 변했다가 다시 황새치 뿔에 허벅지를 관통당한 뱃사람으로 돌아가기도 했다. 또 파도와 파도 사이에서 말라버린 발바닥이 거칠게 갈라졌고 해인처럼 남아 있던 파도가 시도 때도 없이 가슴에서 철썩거렸다. 창문을 움켜쥐고 흔들어대는 바람소리에 사랑했던 바다가 그리워져도 그러나 사흘마다 찾아오는 요양보호사에게는 내색조차 하지 않았다. 모든 인생이 부질없었으므로

희망봉 롱 워프에서

 어둠의 호의를 덮어버린 등댓불 섬광이 강렬해서 더욱 아찔한 희망봉이다. 그리움이 짙어질수록 사랑이 깊어지듯 파도가 거친 곳을 수없이 항해하며 주머니는 진귀한 보석으로 가득 채웠다. 파도에 젖어버린 외투를 벗어 던진 지금은 안벽에 밧줄을 묶고 롱 워프 선술집에서 만선의 무게를 핥을 때이다. 흥분으로 출렁거리는 정박등 그림자에는 정염이 그득하다. 들끓는 바람들은 수평선 너머에 던져두고, 어서 오라, 애인들아

열대성저기압

대관령 목장의 순한 양처럼 가증하게 커다랗고 눈을 껌벅거리며 그러다 수틀리면 휘어지며 뒤틀리고 들이박는다. 그 깊이와 복선을 알기 위해서 바다로 뛰어든 목숨이 멀리 떨어져 보면 흰 묘비 같은 흰 눈동자를 어떤 이는 타이푼이라 하고 사이클론이라 하기도 하고 혹은 허리케인이라 했다. 한겨울 바다까지 얼어붙은 마이너스 통장의 비정함처럼, 일말의 가책도 없이 선실의 수선화 뿌리마저 죽이는

어느 해 1월 1일 항해일지에서

    노을과 노을 사이에 무지개로 살아있다는 증명을 R이나 O 기호로 표시했다. 머리글을 계속 항해 중으로 시작했지만 북해의 오로라가 발광하거나 폭풍이 닥친다는 신천옹의 신탁 같은 것들도 기록했다. 선원들의 상처를 더듬거나 선원들의 마음을 헤아렸던 일, 그리고 누가 심근경색으로 죽었으며 누가 1기사 배를 식칼로 쑤셨는지도 메모로 남겼다. 때로는 가득한 결핍으로 혼자 밥을 먹고 혼자 잠을 자고 혼자 웃고 울며 치료했다. 그 기다란 밤과 아득했던 불면까지

잭타르의 편지

　시거의 푸른 연기에 쌓여 포카를 치는 선원들이여. 바다는 뱃머리에 깃든 물결로 넘실거리고 바람은 리바이어던의 지느러미다. 뱃전으로 넘쳐 드는 파도로 목재 블록이 밧줄과 함께 삐걱거린다. 용골이 부서지며 혈맥을 위협했다. 실습 항해사는 두려움에 떨었고 침묵에 빠진 뱃사람들은 수장당한 에드워드의 괴혈병은 이미 잊었다. 시에라 리온 강을 벗어나자 붉게 격노한 번개가 선실로 날아들었다. 뱃전을 지배하는 것은 심장이 터지는 비명이며 무릎이 부서지는 공포였으나 발가락에 힘을 주고 돛대 끝에 올랐다. 사이클론의 공포와 결투했던 무용담을 소리 높여 노래한다. 형제여, 실러캔스 문신을 가진 내 선원들이여

해설

붉은 수평선 위에 분기공을 쏘아올리는 고래의 깊은 허밍

홍기돈(문학평론가, 가톨릭대학교 국어국문학과 교수)

1. 상형문자 사이를 항해하는 선장

이윤길의 『흰점무늬파란바다물뱀』은 "바다를 선택한 자의 운명"(「바다의 조각들」)에 관한 시집이다. 보다 정확하게 말하자면 시집의 초점은 뱃사람의 운명에 맞춰져 있다. 주체의 결단을 의미하는 '선택'은 후경에 머무르고, 뱃사람을 좌지우지하는 외부의 불가해한 어떤 힘, 즉 '운명'이 전면에 두드러진다는 것이다. 심지어 시인은 바다로 나아가겠노라는 뱃사람의 선택까지도 운명의 일부로 인식하고 있는 듯하다. 인간을 둘러싼 일련의 흐름이 주가 되고, 배에 오르는 뱃사람의 선택은 그 흐름에 몸을 맡기는 양상이기 때문이다.

"물고기 떼가 송도 아랫길에 하차한 어부의 신명에 도착하자, 시베리아에서 발원한 바람도 힘을 잃고 흩어졌다. 지난 폭설에 구부러진 등뼈가 펴지도 않았지만, 손에서 물이 말라버린 어부들은 출항을 미룰 수 없었다. 세상사 모든 일은 때가 있다."(「소금꽃 환하다」) 모든 일에는 때가 있다고 했는데, 때를 결정하는 것은 물고기 떼의 이동 · 시베리아발 북풍의 소멸 등 인간 외부에 펼쳐진 일련의 변화하는 흐름이다. 어부들은 준비가 덜 되었어도 이 흐름에 자신을 맞추고 있다. 이때 주목해야 하는 시어가 외부의 흐름과 어부들을 매개하는 '신명'이다. 신명은 "흥겨운 신이나 멋"이라는 뜻을 가지지만, "천지의 신령"[神明]을 가리키기도 하고, "신의 명령"[神命]을 나타내기도 한다. 그러니까 변화하는 흐름으로 표상되는 외부의 신명神命이 뱃사람 내면에 자리한 신명神明에 작동함으로써 뱃사람 되기가 성사된 셈이다. 시의 마지막 구절은 이와 일치한다. "죽어 바다가 된 어부들을 위로하던 만신이 큰소리로 방언을 터뜨렸다. 잔치는 지금부터이다." 신명神命과 신명神明을 매개하며 터뜨리는 만신의 방언과 함께 잔치, 즉 뱃사람의 출항은 비로소 시작된다.

출항한 선박 위에서는 선장이 만신 역할을 맡고 있다. 「어느 선장의 신탁」을 보라. "나는 선택되었고 권력은 해신에게서 왔다." 해신으로부터 부여받은 선장의 권력이 천상계/심해와 해수면(지상계)을 잇는 상상력의 수직축을 형성한다면, 바다 위를 떠도는 뱃사람의 이동은 상상력의 수평축을 형성한다. "나는 고향을 떠나 태풍의 눈 밖을 기웃거리는 운명이다. 나는 날뛰는 어둠이나 고통으로부터, 흘수선으로 몰려드는 둔탁한 파도의 공포로부터, 축축한 선실에 기댄 외로움으로부터 뱃사람을 지킨다."(「어느 선장의 신탁」) 선장의 사명을 내세웠으나, 선장 또한 일개 뱃사람에 불과하다. 선원이나 선장 모두 똑같은 운명을 떠안고 있다는 것이다. 난파 위기에 직면하여 선원들이 두려움에 사로잡혔을 때 선장도 "애정하던 돈나무 화분에 아침의 절반을 토"하는 바, "그것 또한 (중략) 운명"이라 말하고 있지 않은가.(「바다의 조각들」) "물의 감옥에 갇힌" 선원들이 파도에 시달릴 때 선장은 속수무책 "조타륜에 매달"려서 그저 "바람이 불어오기만 기다"리고 있다.(「카리브해의 닻」) 뱃전에 부딪히는 물결을 "두려움의 연속무늬"로 읽을 수밖에 없는 선장도 평범한 인간이다.(「만선의 총량」)

이렇게 보면 선장은 신기神氣가 영험치 못한 만신이다. 수평축과 수직축이 교차하는 장면이 여러 시편에 등장하지만, 이 지점에서 선장이 발휘하는 별다른 능력도 없다. "수평선은 블랙홀처럼 어두웠고" "전율과 공포"를 강제하는 번개가 "하늘에서 떨어"질 때, 선장은 무력하게도 "발이 묶인 채 저승으로 끌려가는 앨버트로스"를 떠올리고 있다.(「이만 해리 밖 난파」) "운명의 힘으로 바닷물이 갑판 위까지 높아"지면 "기도의 힘으로" 드센 파도가 "용골까지 낮아졌다."라고 했으니, 선장 또한 다른 선원들과 더불어 간절하게 기도나 하는 수준에

머무르는 것이다.(「사우스조지아섬의 묘박」) 그러고 보면『흰
점무늬파란바다물뱀』에는「폭풍주의보」,「다시, 실러캔스」,
「심해」,「쿠릴, 피항하며」,「몬테비데오」등 해신을 찾는 시편
이 반복하여 실렸는 바, 이들 시편의 "해신"은「바다의 조각」,
「어느 선장의 신탁」,「사우스조지아섬의 묘박」,「마지막 노을」
등에 등장하는 "운명"에 상응하는 용어라 할 수 있다. 스스로
타개하지 못할 상황에 직면한 인간이 운명을 떠올리며 호출하
는 존재가 바로 신인 까닭이다.

그렇다면 이윤길은 어째서 영험치 못한 만신=선장을 내세
워서『흰점무늬파란바다물뱀』을 구성한 것일까.「작가의 말」
을 통해 "항해하는 선박은 밸러스트가 필요하다. 선원들을
안전하게 지키려면 선장에게 중심이 있어야 한다."라고 했지
만, 이런 선장으로서는 밸러스트(ballast, 바닥짐)로서의 안
정감을 부여하기가 어렵지 않겠는가. 이 지점에서『흰점무늬
파란바다물뱀』의 방대한 규모를 떠올릴 필요가 있다. 공간적
으로 오대양 곳곳의 지명이 자재하게 펼쳐졌고, 시간상으로
실러캔스 · 노토사우르스(「다시,「실러캔스」) · 메갈로돈(「
악마와 검푸른 바다 사이」) 등이 지구를 휘젓던 고생대 · 중생
대 · 신생대로까지 거슬러 올라갔으니, 이처럼 광활한 시공간
을 정처 없이 부유하는 인간의 목표는 항해 그 자체일 수밖에
없다. 항해 자체가 목적이라면, 선원들의 안전은 항해에 수반
하는 조건으로 설정되며, 마지막까지 살아남아 항해를 이어
나가겠노라는 탐험 의지가 시 세계의 중심을 차지하게 된다.

밸러스트란 필시 끝없이 항해를 이어 나가겠다는 의지를 가리킬 터이다.

항해 자체를 목적으로 하는 선장은 자신과의 싸움을 전개하는 자다. 에이해브 선장의 백경白鯨 추격을 담아낸 『모비 딕』 주제는 선장과 선장 내면에 자리한 광기의 대결이며, 오디세우스가 포세이돈의 저주로 인해 바다 위를 떠도는 『오디세이아』 주제는 자신에게 주어진 운명과의 대결이 아니었던가. 『흰점무늬파란바다물뱀』 또한 같은 맥락에서 읽어낼 필요가 있다. 앞서 살폈듯이 항해는 만신의 방언이 펼쳐진 다음 시작되었는데, 항해 중에도 바다의 풍경은 내용을 알 수 없는 방언처럼 눈앞에 펼쳐진다. 예컨대 수평선에 붉게 번진 노을은 "해독하지 못할 상형문자로 변천을 거듭하"고,(「마지막 노을」), "적도 바다의 풍경"은 "잃어버린 나의 상형문자"와도 일치하는 바,(「파도」) 이들 '상형문자'는 방언의 변형이라는 것이다. 『흰점무늬파란바다물뱀』의 선장은 방언/상형문자에 깃든 신비, 그러니까 뱃사람을 좌지우지하는 '운명'이라 이를 수 있는 외부의 어떤 힘과 대결하고자 항해하는 것이라고 말할 수 있다.

2. 운명으로 내리꽂는 수직축과 욕망으로 이동하는 수평축

인간을 움직이는 가장 큰 동력은 욕망이다. 『흰점무늬파란바다물뱀』의 한 축은 인간의 탐욕을 응시하는 시선이 차지하고 있다. 「만선의 총량」에 따르면, 인간은 "목숨을 걸고 헤치는 파도가""황천黃泉"이라는 사실을 알면서도 '만선의 총량'을 가득 채우려는 존재다. "좌초할 것을 알면서 해령 위에 서 있"고자 하며, "난파할 것을 알면서 투망 지시를 내리고 싶"어 한다는 것이다. 어째서 "삶은 반복되지 않는다는 것을 알면서도 멈추지 못하는 것"일까. 절제를 모르는 것이 욕망의 속성이기 때문이다. 그래서 "누구 하나 탐욕에 만족하는 사람은 없다."(「만선의 총량」) 욕망에 충실한 이는 어떠한 성찰도 필요 없이 눈 가린 경주마처럼 그저 앞으로 앞으로만 질주할 따름이다.

제대로 반성하지 않아서 문제이지, 기실 탐욕이 자기 목을 휘감은 올가미라는 사실이야 누구나 알고 있다. 모두가 아는 사실을 문학작품이 반복할 필요는 없다. 그래서 탐욕을 주제로 성공한 작품은 탐욕의 속성을 말하지 않고 탐욕의 양상을 펼쳐서 보여준다. 『흰점무늬파란바다물뱀』 역시 구체적 양상을 제시함으로써 '낯설게 하기' 효과를 창출하는 데 성공했는바, 이는 대항해시대의 역사와 생경할 수도 있는 이국異國 현장을 적절하게 직조함으로써 가능해졌다. 예컨대 아프리카 남동부의 섬 「마다가스카르」를 보자. 과거 대항해시대에 "페레디 가문은 황금을 찾아왔다. 비발디 가문은 향신료를 찾아왔고, 세비야 가문은 노예를 찾아왔다." 그로부터 시간이 흘러 "이사벨라호 나무 물통의 식수가 썩어갔"고, "선원들의 어금니"는 "비오밥나무 뿌리"가 되었다. 그렇게 시간이 흘렀어도 탐욕은 여전히 인간을 움직이는 동력이다. 지금 마다가스카르의 부두를 보라. "저녁이 벌겋게 익어가는 풍경으로 뱃머리를 가지런히 대한민국 다랑어 연승선들이 정박했다."(「마다가스카르」)

페레디 · 비발디 · 세비야의 배가 항해할 때면 어느 순간 졸리 로저, 즉 해골 깃발을 나부끼는 해적선이 따라붙기도 했으리라. 해적의 약탈은 황금 · 향신료 · 노예 따위에 기생했던 다른 측면의 탐욕일 텐데, 그들의 선박은 "천둥 번개"가 "짧고 희게 번쩍거"리는 폭풍을 견디지 못하고 "통가 왕국과 쿡 해협 사이에서" 침몰했다. 밑바닥으로 가라앉았음에도 불구하고 졸리 로저 호는 자신의 흔적을 수면 위로 전달하고 있다. "이반 톰 아귀스 선장은 열수분출공 검은 연기를 보았다. 가라앉은 선체 파편에서는 시체 썩는 냄새 대신 유황 연기가 피어올랐지만 선반 위 우장용 가죽 모자에는 뿔산호가 무성했다." 시집 도처에 설정된 수직축의 의미는 이 대목에서 선명해진다. 천상계에서 해수면(지상계)으로 내리꽂는 천둥 · 번개는 죽음의 징조이며, 열수분출공(지하계)에서 해수면으로 피어오르는 유황 연기는 시취屍臭의 상징이다. 따라서 천상계─해수면─열수분출공으로 이어지는 「난파선 졸리 로저 호」의 수직축은 유한한 인간이 끌어안은 운명을 따라 구축된 선이라고 정리할 수 있다.

죽음은 살아있는 인간이 피할 수도 없고, 알 수도 없는 영역이다. 그 절대성과 신비감을 시인은 깊이를 알 수 없는 아득함과 그곳으로부터 피어오르는 유황 연기로 묘사했다.[1]

그렇지만 수평축을 부지런하게 이동하는 인간은 난파선 '선반 위 우장용 가죽 모자'인 양 수직축의 천명天命에 무감각하다. 그래서 「난파선 졸리 로저 호」 마지막 구절은 다음과 같이 정리된다. "무관심으로 뱃머리를 보호한 수백 척의 배와 수천 개의 태양이 그 위를 지나다녔다." 욕망에 이끌린 수평축에서의 이동이 수직축을 따라 피어오르는 유황 연기를 압도하는 것이다. 「마다가스카르」 부두에 정박한 선박, 「난파선 졸리 로저 호」 위를 무감하게 항해하는 선박의 풍경이 태평하게 다가오는데, 이는 대항해시대로부터 현시대에까지 면면히 이어지는 욕망의 면모를 원경遠景으로 포착한 데 따른 결과이다. 욕망의 양상을 근경近景으로 그려낸 「신자본주의」, 「남풍에게」 등에서는 죽음을 발판으로 삼은 탐욕 문제가 드러난다.

"신자본주의는 폭풍 속 뱃머리 앞에서도 날치의 배비늘처럼 반짝거"린다. 은화銀貨처럼 반짝이는 날치의 배비늘은 자본의 상징으로 볼 수 있다. 폭풍이 몰려들 때, 저 앞에서 날치의 배비늘이 반짝거린다. 침몰이 두려운 선원들은 "돌아가자. 간절히 원했지만," 선주船主는 "아직까지 적자"라는 이유를 들이대면서 "뱃길을 막았다." 승자는 신자본주의 논리에 충실한 선주이며, 패자는 "황천 속의 선원들"이다. 신자본주의 체제 속에서 패배자는 익사자뿐만이 아니다. 살아남은 이 또한 영혼이 너덜너덜 찢겨버리기 때문이다. 선장=시인도 이로부

---

1) 열수분출공熱水噴出孔: 마그마에 의해 뜨겁게 데워진 바닷물과 가스가 지각의 틈을 뚫고 분출하는 심해 바닥의 구멍.

터 예외일 수는 없다. "화폐의 무게를 감당하지 못한 것은 모두 침몰했다. 나도 굴복했다."(「신자본주의」) 이처럼 반짝이며 유혹하는 까닭에 '날치의 배비늘'은 위험한데, 이와 동시에 '날치의 배비늘'은 보이지 않아도 위험하다. "흉어의 궁핍을" 진술하는 「남풍에게」에 그 위험이 드러나 있다. "희망이 절망을 이긴다는 말을 관습처럼" 되뇌어도 "쫓거나 쫓기는 수많은 근심과 걱정이 (중략) 지나가고 또 지나가는" 것은 어찌할 수 없다. 그것이 신자본주의의 위력이다.(「남풍에게」)

「마다가스카르」, 「난파선 졸리 로저 호」, 「신자본주의」, 「남풍에게」 등의 시편들이 경제 체제와 관련된 욕망을 다루고 있다면, 자신의 내면에서 작동하는 욕망(광기)과 맞대면한 시도도 『흰점무늬파란바다물뱀』에 포함되어 있다. 「한심한 술고래」가 대표적이다.

무릎을 끌어안고 여기가 어디냐고 가슴 찢어가며 떠들어도 바다는 대답이 없었다. 허기지고 궁핍한 생이 낡고 헐거운 몸을 이끌고 수평선을 서성거렸다. 무지개는 언제나 뱃머리 너머에서 나타났다 사라졌다. 어떤 때는 고래의 분기공 같은 커다란 용오름으로 어떤 때는 번개의 섬광을 밝히는 폭풍의 광기로 어떤 때는 겹겹이 쳐진 등압선의 꿈틀대는 공포로 주눅이 들기도 했었다. 가진 것이라고는 그것밖에 없었지만 오로지 자존심의 망령으로 바다 귀퉁이 선술집에서 빨간 물방울무늬 원피스만 보면 콧김을 훅훅 불어내며 미쳐 날뛰는 혹등고래도 대왕고래도 아닌

이 시에는 시인의 내면에서 충돌하는 움직임이 제시되어

있다. 존재의 한계를 설정하는 듯 수평선이 펼쳐졌는가 하면, 때로는 수평선 너머로 올라설 다리마냥 무지개가 펼쳐진다. 힘차게 상승하는 물줄기 이미지의 '고래의 분기공'은 폭풍을 거느리고 하강하는 '번개의 섬광'과 맞서고 있다. '겹겹이 쳐진 등압선의 공포'란 시인을 칭칭 동여맨 상승과 하강의 충돌이 일으키는 존재론적 불안을 가리킬 것이다. 망망대해 위에서 존재론적 불안에 오들오들 떨고 있는 시인의 형상이 '무릎을 끌어안고 여기가 어디냐고 가슴 찢어가며 떠'든다는 묘사이다. 마지막까지 부여잡을 것이라곤 '그것밖에 없었지만', 다시 말해 운명과 대결하며 품고 있는 '여기가 어디냐'(=나는 누구인가)라는 물음 이외에 '가진 것이' 없었지만, 이는 '자존심의' 근거이기도 하다. 항해 자체가 목적인 이에게는 이 물음이 놓쳐서 안 될 '밸러스트'이기 때문이다.

존재론적 불안 가운데 끊임없이 흔들리면서 항해는 이어진다. 그런데 순간순간 흔들림을 가라앉히는 시인의 방식이 흥미롭다. 동일한 어감을 활용하여 '혹등고래'·'대왕고래'와 같은 계열로 '술고래'를 배치한 대목도 그러하고, '빨간 물방울무늬 원피스만 보면'이라고 하여 성에 대한 욕망을 매개항으로 설정한 것도 그러하다. 「한심한 술고래」에 등장하는 빨간색은 『흰점무늬파란바다물뱀』에서 운명을 환기시키는 색깔이기도 하다.

3. 붉은색, 수평선을 지우는 운명의 색깔

『흰점무늬파란바다물뱀』에는 「마지막 노을」, 「난파」, 「황천」, 「바다 안개」, 「한심한 술고래」, 「갑판에는 만선 대신 붉은 해」, 「적도」, 「세이셸에서」, 「마지막 기항지」 등 붉은 이미지가 강렬한 시들이 여럿 실려 있다. "뱃머리"가 "적도의 붉은 연속무늬를 시퍼렇게" 가르는 「세이셸에서」 한 편만 예외일 뿐, 이들 시편에서 붉은색은 죽음 혹은 생의 신비를 품고 있는 색채이다. 예컨대 「난파」, 「황천」, 「적도」에서의 붉은색은 죽음을 의미한다. 난파 직전의 배는 "붉은 섬광 아래에서 흔들"리다가 결국 "죽음의 곁을 배회하는 물의 손자이자 악마가 흔드는 회초리"인 태풍에 휘말리고(「난파」), "돌풍이 일어" 나침반의 "방향을 잃"은 탓에 "침로를 유지"할 수 없게 된 선박은 "붉었다"고 표현되는 "수평선 노을"에 물들어 있으며(「황천」),[2] "묘비명이 가득" 한 「적도」를 지나는 선박은 "죽음 대신 남겨진 붉은 발자국을 겹쳐 밟"고 있다. 붉은 섬광, 노을, 적도赤道 모두 죽음의 입구 위에 번져 있는 형국이다.

「마지막 노을」, 「갑판에는 만선 대신 붉은 해」, 「마지막 기항지」, 「바다 안개」에서의 붉은색은 시간이 겹치고, 꿈과 현실이 뒤섞이며 신비한 분위기를 자아내고 있다. 죽음을 앞둔 고래가 존재 증명이라도 하려는 양 분기공을 분출하고 있는 「마지막 노을」부터 살펴보자.

---

2) 침로針路: 배나 비행기가 나아갈 방향.

돌아오지 못할 것을 직감한 고래가 분기공을 쏘아 올렸습니다. 파도가 새처럼 높이 날아오르던 시절이었습니다. 뗏목을 저어가다 바라본 하늘이 아, 푸르게 금줄을 쳐두었던 수평선까지 붉어졌습니다. 먼바다에서 고래의 허밍이 들려오고 반구대에서는 포경선이 출항했다는 풍문도 돌았습니다. 마침내 나는 뱃사람의 운명을 기억해 내었습니다. 전생에 두고 온 것들을 떠올렸던 것입니다. 환생은 뜨겁고 벌겋고 또 달콤했습니다. 노을이 지나온 뱃길처럼 해독하지 못할 상형문자로 변천을 거듭하고 있었습니다.

고래가 쏘아 올린 분기공은 모든 경계를 지운다. 먼저 '파도가 새처럼 높이 날아오르던 시절'이라고 하였으니, ㉠ 분할된 천상계와 해수면(지상계) 공간이 하나로 통일되는가 하면, ㉡ 시간은 과거와 현재가 겹쳐 펼쳐지고 있다. 이어지는 두 구절은 각각 ㉠, ㉡의 시각적 · 청각적 이미지에 해당한다. ㉠ 노을이 비쳐서 하늘과 바다의 경계를 나누던 수평선까지 모두 붉게 물들면서 '금줄'로 설정되었던 경계가 사라졌다. ㉡ 신명神命처럼 '고래의 허밍'이 들려오자 포경선은 이에 호응하는 신명神明에 이끌려 출항했다. 신석기시대 반구대 암각화에 새겨진 고래잡이 장면을 현 시간대와 겹쳐서 풀어 놓았으니 이 구절은 ㉡의 형상화인 것이다. ㉠과 ㉡의 통일된 시공간을 밑그림으로 삼아 시인은 이제 '뱃사람의 운명'에 대해 이야기한다.

운명은 시공간을 가로지르면서 반복된다. 반구대에 새겨진 전생前生 모습이 그러했듯이, 현생現生의 나는 고래를 좇고 있으며, '뜨겁고 벌겋고 또 달콤'한 노을을 통해 다음 생으로 건너가서도 달라지지 않을 것이다. 그렇다면 반복하면서 이어지는 운명의 형식에는 대체 어떤 의미가 깃들었을까. 일개 인간에 불과한 시인으로서는 알 수가 없다. '해독하지 못할 상형문자로 변천을 거듭하고 있'는 노을만이 마지막까지 남아 세상을 물들이는 데서 이를 알 수 있다. 덧붙이건대 망망대해를 유영하는 고래는 대체로 자연을 상징하거나 드넓은 세상에서 자신의 길을 찾으려는 자유인을 표상한다. 시인은 그러한 고래의 이미지에 자신을 투사投射함으로써 고래의 죽음에서 '뱃사람의 운명'을 길어 올릴 수 있었다.

「갑판에는 만선 대신 붉은 해」, 「마지막 기항지」에서는 환상의 요소가 확인된다. 시인은 "지난밤 어떤 여인" 꿈을 꾸었다. 그녀는 "북극성"이자, "로렐라이 언덕의 세이렌"일 수 있으며, "심연의 천사 클리오네"일 수도 있다.3) 이는 천상계—해수면—심해의 수직축에 해당한다. 「난파선 졸리 로저호」에서의 분석 내용을 떠올린다면, 이러한 수직축이 유한한 인간의 운명을 환기하는 장치임을 알아챌 수 있다. "일상의 즐거움 사이로 흉어의 지느러미가 지나가는" 까닭은 일상이 인간의 유한한 운명 위에서 펼쳐지기 때문이다. 그렇다면 현재의 삶 또한 꿈에서 깨어나듯 죽음에 의해 종결될 터인데, 이 순간 장자의 호접몽胡蝶夢을 떠올리건대, 삶이란 한 편의 꿈이

---

3) 클리오네(Clione): 남극과 북극의 유빙 밑에 사는 몸이 투명한 생물이며, '바다의 천사'·'얼음천사' 등으로 불린다.

며 현실은 그 바깥에 놓인 것이 아닐까. 이러한 꿈과 현실의 경계에서 빛을 발하고 있는 것이 '붉은 해'다. "깜짝 놀라서 꿈에서 빠져나올 때 갑판에는 붉은 해가 중천에 있었는데 지금도 꿈인지 현실인지 갈피를 잡을 수 없다."(「갑판에는 만선 대신 붉은 해」)

「마지막 기항지」에서도 시인은 꿈을 꾼다. 이번 꿈에서는 "새의 날개처럼 비행할 깃털이 생"겼다. 수직축을 따라 전개되는 자유로운 상승·비행은 운명과의 화해 가능성, 다시 말해 운명의 의미를 들여다볼 여지를 열어 놓지만, "그리움 없는 파도와 인상 더러운 바람"은 비상 가능성을 가로막는 장벽으로 자리한다. 이와 같은 두 개의 양상이 충돌할 때 시인은 "수평선에 핏물을 뱉어" 내고, 세계는 "노을 속으로 천천히 스며들"고 있다. 신명神明이 먼저 발동하고 신명神命이 여기에 호응하는 양상이다. 신명神明의 작동이 앞선다는 점에서 「마지막 기항지」는 「마지막 노을」·「갑판에는 만선 대신 붉은 해」에 비해 능동적인데, 시의 마무리에서도 이는 마찬가지다. "삶이란 어차피 착각이 아니겠습니까. 꿈에서 깨어도 날개의 깃털이 자꾸만 지상을 향하여 펄럭거렸습니다." 삶은 어차피 '꿈인지 현실인지 갈피를 잡을 수 없'는 것이므로, 꿈에서 깨어난 현실 가운데에서도 비상飛翔의 열망을 포기할 수 없다는 의지가 '자꾸만 지상(천상계—인용자)을 향하여 펄럭거'리는 '날개의 깃털'로 표상된 것이다. 「바다 안개」에서는 음습한 안개가 배를 덮치는 등 5백 년의 시차를 둔 상황이 기묘하게 포개지며,

'치엔 반'이 토해내는 '핏물'이 두 개의 시 · 공간을 매개하고 있다.[4)]

『흰점무늬파란바다물뱀』에서 붉은색은 인간의 운명을 상징하는 색깔이다. 인간이 안고 있는삶의 유한성이 불거지거나 유한한 존재의 의미를 추구할 때, 수평선으로 나뉘는 천상계와 해수면의 경계를 지우면서 붉은색은 번져 나간다. 해수면의 경계를 넘어섬으로서 비상 가능성을 예비한다는 측면에서 이는 욕망에 이끌린 수평선(수평축) 위의, 혹은 안의 이동과는 분명히 다르다. 『흰점무늬파란바다물뱀』의 한 축이 인간의 탐욕을 응시하는 시선이라면, 다른 한 축은 붉은색으로 표상되는 유한한 삶의 의미 추구라고 정리할 수 있을 것이다.

4. 실러캔스 문신을 한 선원들/독자들

『흰점무늬파란바다물뱀』에는 '잭타르'라는 인물이 두 번 등장한다. 「스탠리항 민들레」 묘비명에 새겨진 잭타르가 『흰점무늬파란바다물뱀』에 실린 마지막 시 「잭타르의 편지」에서 발신자로 다시 출현하는 것이다. '잭타르'는 바다에서 일하는 남성 또는 선원을 가리키는 18~19세기 해양 용어 'Jack Tar'에

---

4) 「바다 안개」에 등장하는 1592년 벌어진 사건은 '플로레스 전투 (The Battle of Flores)'다. 당시 영국 함대가 포르투갈의 '마드 레 데우스호'를 나포하여 획득한 재물은 영국 왕실 연간 수입의 절반에 해당했다. 이후 말레이 반도 등 동남아시아를 대상으로 하는 서구 열강의 경제적 약탈이 더욱 거세졌고, 서구 열강 사이 의 경쟁 또한 가속화되었다. 박사학위를 받은 '치엔 반'은 역사를 전공한 동남아시아인으로 추정된다.

서 가져온 이름인 듯하다. 「스탠리항 민들레」 내용으로 보건대, 잭타르는 "대항해시대의" 인물로 "부자가 되어서 돌아오겠다"고 맹세하여 스탠리항을 떠났으며, 지금은 스탠리 언덕에 "묘비명으로" 남아 있다. 죽은 잭타르의 묘비에 움직임을 부여하는 것은 "스텐리 힐을 노랗게 물들이며 어디론가 뿌리가 뻗는" 민들레다. 스탠리항 민들레는 어째서 사방팔방 뿌리를 뻗어 나가는 것일까. 애초 출항을 이끈 동기는 물욕物慾이었지만, "파도를 넘고 넘어가며 그래서 난파의 도화선이 운명을 담금질"하면서 잭타르는 자신의 존재 의미를 곱씹게 되었으리라. 시인이 "난파의 도화선이 운명을 담금질하지 않았다면, 탁 트여 감출 곳도 없는 언덕에 민들레로 피지 않았으리라."라고 하였으니, 스탠리항 민들레는 마치 항해 자체를 목적으로 삼게 된 잭타르의 영혼인 양 뿌리를 뻗고 있다는 것이다.

수미상관으로 구성된 「잭타르의 편지」는 세 개의 내용으로 구성되었다. 시의 처음과 끝에서는 ㉠ 편지 수신자를 호명하고 있고, ㉡ 시집에서 반복되었던 항해의 공포와 고통이 제시되었으며, ㉢ 고통·공포와 대결하여 이겨냈노라는 자긍심도 표출되어 있다. (㉠, ㉡, ㉢은 해설자가 논의의 편의를 위해 부여하였다.)

㉠ 시거의 푸른 연기에 싸여 포커를 치는 선원들이여. ㉡ 바다는 뱃머리에 깃든 물결로 넘실거리고 바람은 리바이어던의 지느러미다. 뱃전에 넘쳐 드는 파도로 목재 블록이 밧줄과 함께 삐걱거린다. 용골이 부서지며 혈맥을 위협했다. 실습 항해사는 두려움에

떨었고 침묵에 빠진 뱃사람은 수장당한 에드워드의 괴혈병을 이미 잊었다. 시에라 리온 강을 벗어나자 붉게 격노한 번개가 선실로 날아들었다. 뱃전을 지배하는 것은 심장이 터지는 비명이며 무릎이 부서지는 공포였으나 ⓒ 발가락에 힘을 주고 돛대 끝에 올랐다. 사이클론의 공포와 결투했던 무용담을 소리 높여 노래한다. ㉠ 형제여, 실러캔스 문신을 가진 내 선원들이여

먼저 ㉠ 부분의 특징을 살펴보자. 시집 내내 긴장이 팽팽하게 지속되었던 흐름과는 달리, 편지를 수신하는 선원들이 여유를 즐기는 상황으로 제시되어 있다. 이러한 여유는 이제 귀항을 앞두었기에 가능해졌으리라. 고난을 함께 겪었으니 단단한 연대감으로 묶여 '형제'라고 부르는 것일 텐데, 주의를 끄는 지점은 형제인 그 선원들이 '실러캔스 문신을 가'지고 있다는 사실이다. 실러캔스(coelacanth)는 지금으로부터 3억 7천5백만 년 전, 그러니까 고생대에 출현하여 지금까지 살아남은 현재 멸종 위기에 직면한 어류인바, 실러캔스의 머나먼 역사는 뱃사람의 운명을 환기하며, 실러캔스가 여태껏 살아남았다는 사실은 무사히 귀항한 선원들을 상징하게 된다. 「잭타르의 편지」가 시집 맨 마지막에 실렸다는 점에서 보면 선원들은 『흰점무늬파란바다물뱀』를 함께 통과한 독자가 될 수도 있다.

『흰점무늬파란바다물뱀』에서 반복하여 강조되었던 내용은 ㉡ 항해의 고통과 공포였다. 고통과 공포로 점철될 것을 알면서도 선장은 어째서 항해 그 자체를 목적으로 삼을 수 있을까. 시인은 ⓒ을 통해 답변한다. '발가락에 힘을 주고

돛대 끝에 올랐다.' 상승하려는 저 방향은 어떠한 고통과 공포 속에서도 물러서지 않고 뱃사람의 운명과 맞섰음을 드러낸다. 그리고 도전을 통해 자신의 이야기를 마련했노라 자부한다. '사이클론의 공포와 결투했던 무용담을 소리 높여 노래한다.' 삶은 누구에게나 자신의 내력來歷을 만들어가는 과정일 것이다. 다만 얼마나 치열하게 도전했는가에 따라 각자 삶의 깊이는 달라질 터인데, ⓒ 항해의 고통과 공포는 뱃사람의 운명과 보다 치열한 도전을 이끄는 계기로 작동하였다. 「스탠리항민들레」에 등장했던 '난파선의 도화선이 운명을 담금질'했다는 진술은 이를 가리킨다. 비록 오래된 상형문자처럼 불가해한 뱃사람의 운명을 돌파하지 못할지라도, 주어진 운명을 향해 응전을 이어나가는 것이 『흰점무늬파란바다물뱀』의 세계이다.

흰점무늬파란바다물뱀

신생시선·69

지은이·이윤길
펴낸이·원양희
펴낸곳·도서출판 신생

등록·제2003-000011호
주소·48932 부산광역시 중구 대청로 135번길 5(401호)
　　　lapori01@hanmail.net http://sinsaeng.com
전화·051-466-2006
팩스·051-441-4445

제1판 제1쇄·2025년 11월 30일

공급처·도서출판 전망

값 10,000원

979-11-94345-06-0